PALOMA BLANCA

Ilustrações: PAULA KRANZ

E SE EU SENTIR...
TRISTEZA

Ciranda
na Escola

Dados Internacionais de Catalogação na Publicação (CIP) de acordo com ISBD

B236t   Barbieri, Paloma Blanca Alves

         Tristeza / Paloma Blanca Alves Barbieri ; ilustrado por Paula Kranz.
     — Jandira, SP : Ciranda na Escola, 2021.
       32 p. : il. ; 24cm x 24cm. — (E se eu sentir...)

       ISBN: 978-65-5500-522-6

       1. Literatura infantil. 2. Emoções. 3. Sentimentos. 4. Tristeza. I.
Kranz, Paula. II. Título. III. Série.

2020-2539   CDD 028.5
                                           CDU 82-93

Elaborado por Vagner Rodolfo da Silva - CR-8/9140

Índice para catálogo sistemático:
1.   Literatura infantil 028.5
2.   Literatura infantil 82-93

Este livro foi impresso em fonte Melon Slices e Metallophile em dezembro de 2023.

Ciranda na Escola é um selo da Ciranda Cultural.

© 2021 Ciranda Cultural Editora e Distribuidora Ltda.
Texto: © Paloma Blanca A. Barbieri
Ilustrações: © Paula Kranz
Revisão: Ana Paula de Deus Uchoa
Produção: Ciranda Cultural

1ª Edição em janeiro de 2021
9ª Impressão
www.cirandacultural.com.br
Todos os direitos reservados. Nenhuma parte desta publicação pode ser reproduzida, arquivada em sistema de
busca ou transmitida por qualquer meio, seja ele eletrônico, fotocópia, gravação ou outros, sem prévia autorização
do detentor dos direitos, e não pode circular encadernada ou encapada de maneira distinta daquela em que foi
publicada, ou sem que as mesmas condições sejam impostas aos compradores subsequentes.

As emoções são as cores da alma. São espetaculares e incríveis. Quando você não sente, o mundo fica opaco e sem cor.
William P. Young

Dedico este livro à minha gigantesca família (em especial, à minha mãe, Creusa), que me proporcionou e ainda proporciona as mais lindas e diferentes emoções!

HÁ DIAS EM QUE EU ESTOU MUITO FELIZ. EM OUTROS, SINTO ALGO OPOSTO: A **TRISTEZA**.

SEMPRE QUE FICO TRISTE, MEU CORAÇÃO SE APERTA E PARECE QUE UMA NUVEM ESCURA ME COBRE POR INTEIRO.

MAS A MAMÃE E O PAPAI DIZEM QUE É NORMAL SE SENTIR ASSIM ÀS VEZES, E QUE ISSO É PASSAGEIRO.

QUANDO ME SINTO ASSIM, EU NÃO GOSTO DE CONVERSAR. POR ISSO, FICO EM SILÊNCIO NUM CANTO, ESPERANDO ESSE SENTIMENTO PASSAR.

A TRISTEZA TAMBÉM APARECE QUANDO EU ME MACHUCO DE ALGUM JEITO.

A MAMÃE SEMPRE TEM UM BOM "REMÉDIO" PARA ISSO: O SEU MILAGROSO BEIJO!

QUANDO EU TENHO UM PROBLEMA E NÃO SEI COMO RESOLVER, A TRISTEZA VOLTA A APARECER.

NESSES MOMENTOS, O PAPAI ME AJUDA A ENCONTRAR UMA SOLUÇÃO. ASSIM, POUCO A POUCO, A ALEGRIA VOLTA A PREENCHER O MEU CORAÇÃO.

SEMPRE QUE FICO MUITO, MUITO TRISTE,
É UMA CHORADEIRA SEM FIM.

ISSO GERALMENTE ACONTECE QUANDO MEUS PAIS NÃO ESTÃO PERTO DE MIM.

QUANDO UM AMIGO OU ALGUÉM MUITO QUERIDO VAI EMBORA, NÃO TEM JEITO: A TRISTEZA BATE NOVAMENTE EM MEU PEITO.

ENTÃO EU ME LEMBRO DE TODOS OS MOMENTOS DIVERTIDOS QUE PASSAMOS JUNTOS. LOGO, A TRISTEZA SE TRANSFORMA EM OUTRO SENTIMENTO: **SAUDADE**.

EU TAMBÉM FICO BEM TRISTE QUANDO ME SINTO SOZINHO.

MAS SE FALO SOBRE ISSO COM ALGUÉM, A TRISTEZA VAI SUMINDO AOS POUQUINHOS.

SEMPRE QUE VEJO UMA PESSOA TRISTE, EU ACABO FICANDO TRISTE TAMBÉM. MESMO ASSIM, PARA AJUDÁ-LA, EU DOU TODO O MEU APOIO. AFINAL, AJUDAR QUEM PRECISA FAZ TÃO BEM!

EU ME SINTO BEM TRISTONHO QUANDO NÃO ME DÃO MUITA ATENÇÃO.

E TAMBÉM QUANDO DIZEM OU FAZEM ALGO QUE ME MAGOA, FERINDO MEU CORAÇÃO.

EU SEI QUE A TRISTEZA, ASSIM COMO QUALQUER OUTRO SENTIMENTO, PODE SURGIR DE REPENTE. PORÉM, EXISTE UMA FORMA DE AFASTAR ESSA EMOÇÃO: FICAR SEMPRE PERTINHO DE QUEM GOSTA DA GENTE!

FALANDO SOBRE A TRISTEZA

Para aprender a lidar com a tristeza, primeiro é preciso entender o que a causou. É importante refletir e falar sobre esse sentimento para, em seguida, deixá-lo ir embora. Leia as perguntas a seguir e reflita sobre cada uma delas.

- O que deixa você triste?

- Como você fica ou reage quando está assim?

- O que deixa você muito triste?

- E o que você faz para lidar com isso?

- Quando foi a última vez que você sentiu tristeza?

- Como lidou com esse sentimento?

CRIANÇAS, ANIMAIS E SENTIMENTOS

Toda criança se sente fascinada pelos animais de estimação, e não é para menos, pois, além de serem queridos, bons amigos e trazerem muita alegria para o lar, eles melhoram a saúde e trazem uma deliciosa sensação de bem-estar.

Conviver com um animal de estimação, seja um gatinho, um cachorro ou um coelho, pode ensinar às crianças valores muito importantes, como paciência, respeito, gentileza, afetividade e responsabilidade.

Sendo os animais seres que não têm nenhum tipo de preconceito ou maldade, as crianças encontram neles a confiança e a autoestima de que precisam para solucionar seus conflitos e, inclusive, lidar com seus próprios sentimentos.

UM RECADO PARA A FAMÍLIA

A descoberta dos sentimentos pode ser um momento surpreendente e difícil para as crianças, principalmente quando eles são negativos. Por isso, a proposta deste livro é mostrar aos pequenos como e quando o sentimento da tristeza pode surgir, e fazê-los entender que sentir esse turbilhão de emoções faz parte da vida e é importante para o seu crescimento.

Nesse processo de descoberta das emoções, a família e os educadores são convidados a enxergar o sentimento da tristeza sobre outro olhar: o da criança! Afinal, para entender suas aflições e frustrações, é preciso, antes de qualquer coisa, colocar-se no lugar dela.

Lidar com alguns sentimentos não é nada fácil, seja para o adulto, seja para a criança. Sendo assim, quanto mais cedo os pequenos entenderem suas emoções e aprenderem a controlar cada uma delas, mais rapidamente eles desenvolverão autonomia e confiança, habilidades essenciais para trilhar essa incrível jornada que todos compartilhamos: a vida!

PALOMA BLANCA nasceu em uma cidade litorânea de São Paulo. Apaixonada pela linguagem, decidiu se formar em Letras e se especializar em Tradução e Ensino. Ela sempre gostou de escrever, desde criança; em suas histórias e poesias costumava falar sobre tudo o que sentia, pois, na escrita, encontrou a oportunidade perfeita para descobrir e compreender seus sentimentos. Escrever este livro foi um verdadeiro presente, que ela quer compartilhar com todas as famílias, especialmente com as crianças, que (assim como ela, em sua infância) desejam aprender a lidar com esse turbilhão de emoções que surge ao longo da vida.

PAULA KRANZ é mãe de duas lindas meninas. Logo que se tornou mãe, diversos sentimentos invadiram seu coração. E teve a oportunidade de transformar todo o medo, a tristeza, a raiva e a imensa felicidade que sentiu em sensações que a fizessem crescer como pessoa. Assim, junto de suas meninas, voltou a viver nesse mundo lúdico da infância. Nos últimos anos, além de brincar de comidinhas, poços de areia e desenhar garatujas, se especializou em livros infantis; e lá se foram diversos livros publicados com os seus desenhos. Cada vez mais está repleta de sonhos e de vontade de mostrar a delicadeza e a leveza da infância, ilustrando a magia, o brilho nos olhos e a forma única de ver o mundo que as crianças compartilham todos os dias conosco.